37 FORMAS DE TRABAJAR HOY DESDE CASA

37 FORMAS DE TRABAJAR HOY DESDE CASA

Ideas de negocios que puedes iniciar ahora con poco o nada de dinero o capacitación especializada

Jim Palumbo

PROYECTONEHEMÍAS

37 formas de trabajar hoy desde casa: Ideas de negocios que puedes iniciar ahora con poco o nada de dinero o capacitación especializada

James G. Palumbo

Publicado en © 2020 por Proyecto Nehemías,
170 Kevina Road, Ellensburg WA 98926
www.proyectonehemias.org

ISBN (Impreso) 978-1-950135-87-5
ISBN (EPUB) 978-1-950135-47-9
ISBN (MOBI) 978-1-950135-48-6

Traducido del libro *37 Ways to Work from Home Today: Business Ideas You Can Start Now with Little to No Money or Specialized Training or Education*

Traducción por Elvis Castro

EvangAlliance
TELLING THE GOOD NEWS WORLDWIDE

EvangAlliance Media es el ministerio de publicación de EvangAlliance, Inc., una organización internacional comprometida con llevar esperanza y propósito a personas alrededor del mundo por medio de recursos basados en principios eternos.

Para más información, visita www.EvangAlliance.com

Equipo:
Jim Palumbo, Autor
Kathy Sparrow, Coautor
Carl Dobrowolski, Goodwill Rights Management, Administrador de derechos
Josh Woolf, Diseñador

Algunas ilustraciones anecdóticas en este libro son verídicas y están tomadas del dominio público.

Un especial agradecimiento a KathySparrow.com por su investigación, recopilación en este proyecto, y a Cheri Palumbo por editar una docena de borradores.

Para recibir información acerca de descuentos especiales por compras al por mayor, por favor escribir a Proyecto Nehemías al correo ventas@proyectonehemias.cl.

ÍNDICE

Prefacio 7

Sección uno - Inicia tu negocio en casa 9

Sección dos - Nueva vida para cosas viejas 17
Negocio 1: Muebles hechos de esquís 17
Negocio 2: Arte con metal y chatarra 21
Negocio 3: Reutilización de pallets 21
Negocio 4: Ventas en consignación 22

Sección tres - Enseñanza virtual 23
Negocio 5: Tutor(a) de lenguaje 23
Negocio 6: Tutor(a) de prueba estandarizada en línea 25
Negocio 7: Consultor(a) de ingreso a la universidad 25

Sección cuatro - Trabajo virtual: Palabras, números, y más 27
Negocio 8: Instructor(a) de escritura 28
Negocio 9: Editor(a) virtual 29
Negocio 10: Escribe un blog 30
Negocio 11: Administración de redes sociales 30
Negocio 12: Contabilidad virtual 31
Negocio 13: Administración virtual 31
Negocio 14: Asistente virtual 32
Negocio 15: Asistente personal 33
Negocio 16: Asistente de compras 33
Negocio 17: Encargado(a) de tareas 33

Sección cinco - Delicias culinarias 35
Negocio 18: Educación de experiencia culinaria 35
Negocio 19: Comidas crudas 38
Negocio 20: Chef privado 38

Sección seis - Organización y mercadería con historia 39
Negocio 21: Especialista en organización 39
Negocio 22: Deséchalo 42
Negocio 23: Almacénalo 42
Negocio 24: Véndelo 43
Negocio 25: Venta en consignación en línea 43
Negocio 26: Tienda de usados en línea 43

Sección siete - Artículos artesanales 45
Negocio 27: Jabones especiales 45
Negocio 28: Bienestar de mascotas 48
Negocio 29: Ropa casual deportiva 48
Negocio 30: Letreros para el hogar 49
Negocio 31: Muebles de acero y estilo industrial 49
Negocio 32: Bolsos de accesorios/Pecheras 49

Sección ocho - La vida es una carretera 51
Negocio 33: Compartir el vehículo 51
Negocio 34: Reparto basado en una aplicación 52
Negocio 35: Arrienda tu auto 52
Negocio 36: Reparte para Amazon 52
Negocio 37: Transporte de ancianos 53

Sección nueve - Guía para tu tienda y oficina virtual -
Herramientas para el comercio en línea 55

Sección Diez - Vende tus servicios - Trabajo independiente 63

Sección Once - Razones para ser emprendedor 67

Conclusión 71

Mini-plan de negocios 77

Acerca del autor 81

PREFACIO

La pandemia del coronavirus ha despertado a todo el mundo a la libertad y la magia del ambiente del ***trabajo desde casa***, el cual nos ha bendecido a mí y a mi familia por casi dos décadas.

Mi esposa, Cheri, y yo vendimos los dos primeros negocios que iniciamos y decidimos mudarnos a una isla frente a la Costa del Golfo. Yo había estado trasladando mi práctica de asesoría en inversiones al Internet por algún tiempo y pensaba que podría usar las herramientas de Internet para trabajar desde casa. La isla estaba a 145 kilómetros de mi anterior oficina, así que se requeriría un cambio de las prácticas cotidianas para hacer posible la transición. Cambié el papel por informes y archivos digitales e introduje la videoconferencia. Y no solo logré que la transición funcionara, ¡sino que mi negocio creció diez veces mientras trabajaba desde casa bajo un quitasol en el patio!

Un día típico partía con ponerme una gorra para evitar el sol en los ojos mientras miraba la pantalla de mi computador portátil, llenar un tazón de café, apoyar mis pies en la baranda de la terraza, y mirar los botes salir del muelle mientras encendía mi computador para iniciar el día de trabajo. Cheri a menudo me traía más café, y yo regularmente me zambullía en la piscina y nadaba un par de vueltas entre teleconferencias.

Finalmente, mi compañía se fusionó con nuestro proveedor de servicios subcontratados, Dynamic Advisor Solutions. Hoy Dynamic provee servicios profesionales a decenas de consultoras en todo el país y tiene miles de millones en activos bajo administración, todo desde una plataforma 100% basada en la nube, con la totalidad de su personal trabajando a distancia desde sitios en tres continentes.

El trabajo a distancia no solo ha facilitado el crecimiento saludable de nuestra empresa, sino que ha permitido que nuestros empleados recuperen el tiempo que perdían para siempre en los viajes al trabajo, les ha permitido pasar ese tiempo con sus familias, y les ha otorgado flexibilidad para que persigan el crecimiento personal y profesional. Un entorno y una plataforma virtuales en la nube, combinados con una fuerza de trabajo a distancia, ha potenciado una tan increíble eficiencia en costos y operaciones que ahora Dynamics sirve como un innovador modelo para consultoría de finanzas en el siglo XXI.

Comparto mi historia para inspirarte a tener éxito: para afirmar que tú puedes iniciar un negocio desde cero y hacerlo crecer hasta una empresa multimillonaria y que el trabajo desde casa no necesariamente es una barrera para tu éxito, sino que, de hecho, puede catapultarte al cumplimiento de tus sueños y aspiraciones. ¡Comencemos!

SECCIÓN UNO
Inicia tu negocio desde casa

«El secreto para avanzar es empezar».

~ Mark Twain

Iniciar un negocio desde casa es más fácil de lo que uno piensa, y más difícil de lo que uno piensa, todo al mismo tiempo. El número de ideas es casi ilimitado y la Internet ha hecho posible que uno llegue instantáneamente a cualquier persona del planeta que tenga acceso a una conexión a Internet. Una vez más, se requerirá arduo trabajo y diligencia para que tu gran idea alcance el éxito. Quiero que estés preparado para ello. Quiero que estés preparado para dedicarle el tiempo y volver a intentar cuando la primera idea o la variante de una idea fracase. No te desanimes y sigue insistiendo.

En este libro, te doy 37 maneras o ideas de negocios que puedes probar y crear tu propio negocio desde casa. Recuerda que estas ideas tienen muchas variantes y réplicas que puedes adaptar a tu talento y personalidad únicos. Sé creativo, innovador y audaz. ¡Comienza tu negocio hoy mismo!

Según la Administración de Pequeñas Empresas, el 52% de todas las pequeñas empresas opera desde casa, y el 63% tiene un solo operador sin empleados. Las empresas de construcción constituyen el 70% de tales negocios desde casa. Para ponerlo en perspectiva, en Estados Unidos hay aproximadamente 14 millones de empresas desde casa, de las cuales 4,2 millones no están relacionadas con la construcción, comparado con solo 18.500 empresas grandes con empleados (500 o más empleados). Los negocios en casa son la columna vertebral de la comunidad de pequeñas empresas, y estas constituyen el 99,7% de compañías con empleados de Estados Unidos[1].

El trabajo virtual y a distancia son formas de ganarse la vida con base en la casa o sin salir de casa. Hay un sinnúmero de razones para querer trabajar desde casa, incluyendo la más reciente pandemia y posterior cuarentena en la que nos encontramos al terminar este libro. Otras razones pueden ser que necesitas cuidar a tus hijos o atiendes a un pariente o un padre con necesidades especiales. Tal vez tengas una discapacidad física que te dificulte viajar para trabajar, o quizá vivas en una localidad alejada donde sea imposible viajar al trabajo. ¡A algunos simplemente les gusta!

VIRTUAL Y NO VIRTUAL

Muchas de las ideas que analizaremos en este libro son virtuales. Un negocio virtual es uno que no existe físicamente como tal, sino que se presenta tangible mediante el trabajo detrás de bambalinas de un software. Un negocio virtual a menudo se lleva a cabo, se accede a él o se almacena mediante un computador, especialmente en la nube. A menudo se trata de negocios orientados a los servicios y solo se pueden entregar digitalmente. Un negocio no virtual pero basado en la nube, a distancia o de trabajo en casa probablemente tenga un producto distribuible, como el vendedor de jabón artesanal mencionado más adelante. A continuación presento dos ejemplos:

1. Virtual: como ***Asistente Virtual*** puedes proveerle a tu cliente la mayoría de los mismos servicios que le proveería una persona que está físicamente presente en una oficina. No obstante, todo lo que entregues será digital. Puedes

1 SBA (Small Business Administration) Office of Advocacy, FAQ www.sba.gov/advocacy.

hacer llamadas telefónicas, confirmar citas, y enviar documentos y planillas, todo digitalmente. No puedes hacer café, abrir la puerta en la mañana, o recoger el lavado en seco. ¿Puedes pedir el envío de un almuerzo? Sin duda, ¿por qué no? ¡Pide comida a domicilio! ¿Puedes contratar un taxi? Por supuesto. ¡Pide un Uber! Es casi ilimitado el número de tareas que puedes realizar para tu cliente o jefe desde la comodidad de tu hogar.

2. No virtual: **Jabones Outlaw** es una empresa que describiré más adelante en el libro. Este emprendedor comenzó a hacer jabones especiales con un tema del oeste. Danielle Vincent comenzó a hacerlos en casa, vendía en Internet y enviaba por correo. Este es un ejemplo de un negocio en casa no virtual que vende y entrega un producto físico, si bien es vendido en línea, y el dinero cambia de manos en línea.

Mientras planificas tu negocio y desarrollas tu plan de negocios (al final de este libro hay una plantilla para que uses), piensa en los recursos que pondrás en juego. ¿Tienes suficiente espacio en tu casa para crear un producto no virtual y repartirlo? ¿Eres carpintero, soldador, taxidermista, químico, escultor, artista, o costurera, para que te posiciones para el éxito en un negocio no virtual?

¿Traes alguna habilidad especial a la mesa que te dé valor en un contexto de negocio virtual? ¿Puedes escribir? ¿Eres artista gráfico, creador de sitios web, transcriptor, contador, o simplemente una persona que sabe cómo llevar a cabo las cosas? Estas son habilidades que te pueden ayudar con un negocio virtual en casa.

El comienzo. Si quieres ser un emprendedor exitoso y comenzar tu propio negocio, necesitas construir sobre dos sencillos principios fundacionales:

1. **Dale a la gente lo que quiere:** descubre lo que la gente quiere y dáselo.
2. **Haz lo correcto:** siempre, en todas partes, y con cada persona, haz lo correcto.

DIFERENCIADOR

Se ha dicho que no existen nuevas ideas, solo distintas formas de aproximarse a la prestación de un servicio o la creación de un producto. Aquí la clave está en que te diferencies de los demás que están haciendo un trabajo similar.

¿Qué diferencia tu negocio de los demás en el mismo espacio? Si estás en un negocio de alimentos, ¿ofreces algo que la mayoría de los otros no? ¿Qué tal un servicio de reparto de comida vegana? No estoy diciendo que no haya **ninguno**, sino que no hay **muchos**. El reparto de comida vegana puede ser una forma de diferenciarte de la masa.

Estos son otros ejemplos alimentarios de diferenciación: si eres extranjero, tal vez tengas conocimientos de una cocina poco común en muchas zonas. Existen muchísimas clases de panadería en línea, ¡pero no muchas clases de cocina extranjera! Una búsqueda rápida muestra cero clases en línea de cocina fiyiana mientras que hay varios destinos fiyianos de escuelas de cocina en Fiji. Así que sabemos que hay un mercado para este tema porque hay gente volando 9.000 kilómetros para ir a una escuela de cocina fiyiana. Podrías ser el o la primera en ofrecer clases en línea. Más adelante en este libro sabrás de una mujer que está transfiriendo sus clases presenciales de cocina alemana a una escuela en línea para pastelería alemana. ¿Qué tan genial está eso? ¡Lecciones de *strudel* en la nube!

Estos son solo ejemplos. Así que, ¿cuál es tu diferenciador? Ten cuidado de no iniciar un negocio en el que están todos. Haz tu investigación y descubrirás oportunidades de cubrir una necesidad, en lugar de hacer lo mismo que todos los demás.

«Para ser irremplazable,
uno debe ser siempre ***diferente****».*
~ Coco Chanel

¿Qué diferenciadores se te ocurren respecto a tu idea de negocio? Anótalos, haz un mapa mental; y no autoedites. Eso es solo el miedo y la duda hablando.

Factor X. Para algunos autores y profesores, el Factor X se refiere a tu diferenciador, pero yo quiero que signifique mucho más para ti. Además de la diferenciación, quiero que pienses en cómo haces tu conexión espiritual o emocional con tus clientes. La diferencia entre un diferenciador y el Factor X es la conexión *emocional o espiritual.*

Mis amigos involucrados en el negocio del comercio justo venden productos que no necesariamente son inusuales, pero son producidos por personas que reciben un pago justo, y a quienes el distribuidor o emprendedor minorista les está mostrando la dignidad de la independencia financiera bajo estándares ambientales y sociales mejorados. Su historia sintoniza con muchos clientes dispuestos a comprar bienes a un precio más alto a fin de apoyar la misión del comercio justo del negocio. Esto es un Factor X. No es solo un diferenciador, sino que es un diferenciador que establece una conexión emocional o espiritual con el cliente.

Respecto al tema del comercio justo, vi un extraordinario episodio de *Shark Tank* que mostraba a CombatFlipFlops.com. Los valores del cofundador Matthew Griffin giran en torno a la persistencia, la creatividad y el respeto. La charla TED[2] de Griffin revela su compasión por la gente de Afganistán, donde sirvió en las fuerzas armadas. Su Factor X: *Negocios, no balas: formar emprendedores en zonas de conflicto y construir comunidades y financiar la educación de mujeres.* Solo el 15% de las mujeres en Afganistán están alfabetizadas, y esta compañía ha construido una fábrica operada por mujeres en Mosul, capacitando y educando a mujeres locales como una solución a su condición. Su historia fue tan cautivadora que Mark Cuban hizo a un lado las objeciones y preguntas del otro «tiburón» acerca de costos y ventas y dijo: «No importa el costo. Yo me uno». Él creyó tan firmemente en la misión espiritual del negocio que nada pudo disuadirlo de la inversión. Al final, otros dos tiburones invirtieron con él en Combat Flip Flops. Ellos son un ejemplo de un potente Factor X. Este va más allá de la simple diferenciación del producto y se conecta con tu **cliente emocional y espiritualmente**. Ellos no pueden evitar comprarte a ti.

Descubrir el Factor X en tu negocio te ayudará a entregar más valor a tus clientes, como también a crear clientes apegados y leales que nunca se van como un fundamento para un negocio extraordinariamente exitoso.

Los empresarios más exitosos que conozco iniciaron su negocio con una idea, arduo trabajo, y entregando una gran experiencia a los clientes. Ellos saltaron a la oportunidad y luego crecieron hacia su éxito. Sigue haciendo lo correcto y madurarás hacia un negocio exitoso. Institutos educacionales y centros de desarrollo de negocios locales ofrecen ayuda a las personas que quieran iniciar un negocio. Son un gran recurso, solo que no te pierdas en el proceso. Arma tu plan y ponte en acción de inmediato.

2 https://www.combatflipflops.com/pages/our-story.

En las siguientes secciones, descubrirás 37 formas de trabajar desde casa, y construir un negocio viable que te sustentará a ti y a tus seres queridos en los años venideros.

SECCIÓN DOS
Nueva vida para cosas viejas

«Ama a tu familia, trabaja super arduamente, vive tu pasión».

~ Gary Vaynerchuk, director ejecutivo de VaynerMedia

El dicho de que la basura de un hombre es el tesoro de otro es tan cierto hoy como cuando se bromeaba con él por primera vez alrededor de 1860. Ya sea que pongas a trabajar tu creatividad y fabriques algo con artículos desechados —como esquís, autos, y contenedores— o ayudes a una persona o una familia a limpiar su espacio, y luego los ayudes con la venta de los artículos que no necesitan, se puede hacer dinero reacomodando, reimaginando, reduciendo, reutilizando y reciclando. Comencemos por compartir primero la historia de Adam Vernon, fundador y gerente de Colorado Ski Furniture.

NEGOCIO 1

Colorado Ski Furniture

Adam Vernon, fundador y gerente de esta compañía de Manitou Springs, Colorado, creció como un competidor de esquí. A partir de ahí, su amor por el esquí lo llevó del mundo empresarial al mundo de ser dueño de una pequeña empresa. «Con los años, había coleccionado muchos esquís viejos, y siempre veía a personas que creaban unas sillas de esquís bastante feas», dice Adam. Inspirado en las innovaciones de otras personas, el oriundo de Michigan hizo su primera silla de esquís.

Si bien al principio la reacomodación de sillas con esquís viejos era un pasatiempo, los amigos y la familia cambiaron esa situación al preguntarle: «¿Puedes hacer una para mí?». Poco después, Andy comenzó a hacer sillas para ponerlas en consignación, algunas de las cuales eran exhibidas en Breckenridge y en el área de Manitou Springs, Colorado. Su pequeña empresa individual de a poco se convirtió en «algo» desde su garaje con la ayuda de dos compañeros, y 10.000 seguidores en Facebook. Andy seguía trabajando para una empresa mientras su negocio crecía rápidamente, pero la providencia cambió todo eso cuando fue despedido. «No quería volver atrás», dijo. En ese momento tenía cuatro empleados a tiempo completo y dos a tiempo parcial.

El negocio siguió expandiéndose, y el cambio fue inevitable. «Me di cuenta de que tener gente en mi garaje todo el tiempo era realmente molesto», explica Andy. Así que en 2015 arrendó el espacio en Avenida Manitou 419 en Manitou Springs, en la base de Pike's Peak. Luego en 2018 compró la propiedad. Catorce años después del comienzo de su negocio, la silla de esquís es el pilar de la línea de productos de la compañía, que ahora incluye mecedoras, escaños y taburetes, casas para perro, y mesas. Colorado Ski Furniture es un asunto familiar donde su esposa, su mamá y los hijos colaboran. También tiene nueve pintores que crean algunas de las ideas más geniales, dice él con orgullo.

La compañía produce dos sillas de patio diferentes: tamaño grande y mediano, las cuales se venden como mínimo por 299 dólares, con la mayoría en un rango de 350 a 650 dólares. Algunas alcanzan hasta los 2.000 dólares. Estas normalmente tienen un trabajo de pintura personalizado de 25 a 30 horas.

Además, Adam descubrió oportunidades de *crecimiento horizontal* en otras materias primas. «Comenzamos usando esquís para marcos de sillas de patio y nos hemos extendido hacia muchos otros productos reutilizados tales como madera usada en construcciones, snowboards, palos de golf, tablas de esquí acuático, telesillas de esquí viejas, palos de hockey, esquís acuáticos, y madera proveída localmente, como pino con escarabajo recuperado», dice Adam. «Elaboramos muebles personalizados a mano para traer los mágicos recuerdos de la vida en un hogar de montaña». Le gusta proveer variedad para darle alternativas a la gente, así que él y su equipo siempre están presentando nuevas ideas. Al comienzo, Adam conseguía esquís muy baratos en ventas de patio o con conocidos. Hoy tiene más de setenta recursos para su abastecimiento, y contribuye a mantener los esquís viejos fuera de los vertederos.

Como ocurre con muchos emprendedores, el camino al éxito no siempre ha sido fácil. Sus gastos generales son abrumadores e incluyen camionetas, camiones, y todo lo necesario para la producción, incluida su sala de exhibiciones hecha de ladrillo. Habitualmente trabaja 60-70 horas semanales. «Trabajar 40 horas a la semana se siente como vacaciones», dice riendo. También admite que hubo momentos cuando estuvo muy cerca de la bancarrota. Pero la oración, el ingenio y la ética de trabajo desempeñaron un rol en mantener su negocio a flote durante aquellos inevitables tiempos de altibajos.

La experiencia también ayudó. Él había iniciado otros negocios en el pasado, pero este ha resultado diferente. «Este despegó porque yo lo amaba», nos comparte. «Tener una actitud de gratitud y mantenerse humilde es crucial. Aun cuando uno lo esté haciendo excelente, es importante no volverse arrogante».

También le resulta útil rodearse de un equipo de asesores para apoyo y rendición de cuentas que lo mantiene honesto. «Tengo un equipo de 6-8 personas a las que acudo», explica. «Mi mamá ha sido emprendedora, y cuando mi padrastro vivía, también lo era. También acudo a una pareja en el negocio del mueble, algunos amigos con un MBA, y otros en el negocio del esquí».

Para más información acerca de Colorado Ski Furniture visita: ColoradoSkiChairs.com

Consejos y técnicas para formar tu negocio

Adam comparte:

1. «Haz algo que realmente te estimule. Si te entusiasma, eso será útil. Comprométete a darlo todo». Adam es un seguidor de Gary Vaynerchuk, un renombrado emprendedor serial y suscribe el consejo que Gary V comparte en sus libros y *podcasts*.
2. «Trabaja cantidades ridículas. Yo siempre pongo mi sueño primero, normalmente entre 1:00 a. m. y 9:00 a. m. Duermo ocho horas.
3. Asegúrate de que sea lo que a la gente realmente le gusta. Confía en otros y consigue buenos consejos. Sigue inspirándote. Respeta a los mayores y trata de aprender siempre».

Cómo empezar

Adapta tus ideas y plan de negocios a tu mercado local. Si vives en Florida o Houghton Lake, Michigan, entonces el esquí acuático puede ser una interesante idea. Si vives en Park City, Utah, entonces los temas de nieve son mejores. Otras localidades montañosas pueden invitar ideas que ya han sido exitosas, como arte y muebles hechos con cornamentas, o temas de canoas y remos. La tienda L. L. Bean en Lone Tree, Colorado, tiene un par de remos como manillas en las puertas frontales, ¡qué gran idea! Como ejemplo, revisa Tippy Canoe en tippycanoedurango.com.

Productos únicos como este ruegan por una presencia en línea. Asegúrate de formar tu audiencia en línea y especialmente usando las redes sociales. ¡Adam tiene más de 47.000 seguidores en Facebook cuando escribo esto!

Variantes creadas por ti

NEGOCIO 2

Arte con metal y chatarra

Desde mesas laterales, candelabros, a diversas figuras de animales o humanos, si tienes facilidad para la soldadura y los metales, combinada con algún talento artístico, hay gente que querrá comprar tu arte. Y ni siquiera necesitas un edificio en concreto para vender estos productos. Etsy y eBay son solo un par de lugares donde publicar tus artículos, y no olvides las consignaciones. ¡A veces consignar tus artículos es la mejor forma de liberar espacio en tus estantes! Incluso existe un juego de mesa llamado Junk Art donde a los jugadores se les muestra chatarra y tienen que crear arte con ella. Para inspiración, aventúrate en:
https://www.pinterest.com/reneejmoore/scrap-metal-art/

NEGOCIO 3

Ventas en consignación

Aquí puedes crear casas para perros, estanterías, maceteros verticales, candelabros, sillas, mesas, separadores de ambientes, muebles de oficina y más. Dos exitosos negocios en el mundo de los pallets son theknottypallet.com, y en Facebook/ThePalletFurniture.

Oportunidades de reventa

NEGOCIO 4

Ventas en consignación

Puedes comenzar en ferias, mercados de barrio, mercados de pulgas, mercados agrícolas, o desde una bodega. Consigna tus productos en una tienda de consignaciones de alguien más hasta que puedas conseguir la tuya. También puedes vender ciertos artículos tales como muebles y joyas originales en línea mediante Facebook Marketplace, Nextdoor, Craig's List, eBay, y otros.

Hoy es el día perfecto para limpiar tus alacenas, desvanes, sótanos y otros para encontrar ropa vintage (como Levi's®), videos VHS y DVD, videojuegos, consolas de juego antiguas, y productos no abiertos con licencia de Disney, Marvel u otros que pueden valer una fortuna.

SECCIÓN TRES
Enseñanza Virtual

«Mi estrategia de negocios siempre ha sido aprender de aquellos que están obteniendo resultados y modelar lo que ya está funcionando».

~ Amy Porterfield, capacitadora de marketing en línea

Con la llegada de Internet, unido a YouTube, Vimeo, Zoom, y otras plataformas de video, cualquier cosa en la que uno tenga habilidad se puede enseñar en línea. Ya seas un genio en la creación de sitios web o cañas de pescar, en la elaboración de artesanías para la casa tales como coronas para cada época, o en la operación de equipamiento especializado, hay personas que necesitan tu orientación.

Existe una gran demanda de instructores de música y lenguaje. Los padres simplemente no pueden hacerlo todo en lo que respecta a enseñarles a los hijos en casa.

¿Eres experto en español, inglés, o algún otro idioma? ¿Eres un genio de las matemáticas o la historia? ¿Tienes algún grado en música o eres músico profesional? Entonces tus servicios son muy necesarios y pueden atraer clientes de todo el mundo.

NEGOCIO 5

Tutor(a) de lenguaje

Lisa Walter, tutora de Alemán

Incluso con su título en negocios, Lisa Walter de a poco se dio cuenta, mientras trabajaba en su empleo de oficina de 9 a 5, de que extrañaba algo. «Reflexionando sobre mi historial de trabajo, llegué a la conclusión de que realmente extrañaba trabajar con niños y que era tremendamente buena en ello», nos comparte. «Después de devanarme el cerebro pensando en cómo podría armonizar mi actual trabajo de oficina y trabajar con niños de nuevo, me surgió la idea de ser tutora de alemán después del trabajo».

Cómo empezar

Lisa tenía suficientes contactos y una enorme red, así que decidió publicar un aviso en la página de Comunidad Facebook para una escuela de inmersión en alemán para ver cómo sería percibida la idea de las tutorías. Tomó tiempo en crecer, pero su idea resultó valiosa.

«Comencé con solo tres alumnos, y dentro de dos años me he hecho una reputación para ayudar a dieciocho estudiantes con el alemán», dice Lisa. «Mi trabajo de tutora me mantuvo a flote durante mi licencia maternal y sigue complementando mis ingresos ahora que volví a trabajar en un cargo de profesora a tiempo parcial».

Lisa sabía que su negocio tendría éxito cuando comenzó a recibir mensajes de texto o llamadas aleatorias de familias que oyeron de ella de otras familias que han visto evidencia del éxito de sus hijos al trabajar con ella. Y como todos los emprendedores, ha habido dificultades, principalmente en torno al flujo de caja inconstante, algo que muchos emprendedores repiten. No obstante, ella se ha adecuado, y su negocio sigue creciendo.

Al comienzo, Lisa cobraba 25 dólares por hora por sus servicios. Ahora su tarifa es de 40 dólares por hora, y tiene una lista de espera. Se corre la voz de lo eficiente que es en sus tutorías porque además de aprender un segundo idioma, Lisa le añade diversión a su trabajo con los niños. «Creo que a cada uno de mis alumnos les encanta venir a mí para que les enseñe, algo que me causa un gran orgullo», dice ella. «Lo hago lo bastante divertido para que no se den cuenta de que estamos poniendo algo de empeño para subir esas notas». Lisa promueve sus servicios en Facebook: https://www.facebook.com/lisastutorhaus/

Consejos y técnicas para formar tu negocio

- Para **instrucción en lenguaje y música**, visita Lesson Face: https://www.lessonface.com/
- Para compartir tu pericia en múltiples materias, Varsity Tutors es el lugar donde buscar: https://www.varsitytutors.com/
- Si eres versado en **inglés**, VIP Kid https://www.vipkid.com/teach https://www.vipkid.com/teach y https://teacher.gogokid.com

NEGOCIO 6

Tutor(a) en línea para pruebas estandarizadas

Una vez más, aquí puedes comunicarte con clientes vía correo electrónico y hacer tu tutoría usando herramientas de videoconferencia tales como Skype, Slack, GoToMeeting, o Zoom.

NEGOCIO 7

Consultores(as) de ingreso a la universidad

Ellos pueden proveer su conocimiento de las admisiones a la universidad, preparación de pruebas, ensayos requeridos, declaraciones personales, y asistencia financiera a familias que encantadas pagan por apoyo y asesoría para ayudar a sus hijos a ser admitidos en la escuela de sus sueños.

En esencia, cualquier cosa que uno enseñe cara a cara se

puede enseñar virtualmente. Lo único que se necesita es un poco de tiempo, una cuenta en Zoom, Vimeo o YouTube, la cámara de tu computador o teléfono, y ya estás en el negocio.

SECCIÓN CUATRO
Trabajo virtual: palabras, números y más

«La tecnología va a remecer el futuro del trabajo, tal vez antes de lo que pensamos».

~ Brian Cornell, presidente de directorio, director ejecutivo, Target

En la sociedad del empleo de hoy, con acceso a Internet disponible alrededor del mundo, mucha gente puede trabajar desde casa, mientras salen de pesca en las montañas de Montana, se recuestan en las playas de Belice, o caminan por las colinas de los Alpes. Lo único que se necesita es un buen computador portátil, acceso a Internet, una cuenta en Zoom o Skype, y cualquier otro programa que permita compartir nuestras habilidades y talentos con aquellos que no tienen el tiempo o el talento para hacer el trabajo.

En consecuencia, ya seas un genio de los números, un extraordinario escritor, o un encargado de proyectos o equipos en marcha, no hay motivo para que estés atado a un solo sitio. Si tu sueño es poseer la libertad para tener tu oficina en el lugar que quieras y trabajar cuando quieras, entonces esta es tu oportunidad.

En esta parte encontrarás lo que necesitas para darle la partida a tu negocio virtual en la nube. Recuerda, las instrucciones *Cómo empezar*, los *Consejos y técnicas*, y los *Conceptos de marketing* son los mismos para todas las variantes de este tema. No repetiremos el proceso para cada variante de un negocio similar. Solo sigue el mismo plan del primer negocio de esta sección.

NEGOCIO 8

Instructor(a) de escritura

Cuando Kathy Sparrow estaba en la secundaria, le dijeron que nunca sería escritora. Durante un tiempo, ella creyó el incomprensible e irresponsable mandato que su orientador puso sobre su futuro. Por alrededor de una década, ella siguió el libreto establecido por este hombre y estudió negocios y contabilidad en la secundaria y en el instituto superior. Sin embargo, en sus veintitantos, su alma ya no podía estar quieta.

Pronto comenzó a escribir perfiles para un diario de arte comunitario local, y conoció a artistas, escritores, bailarines, y músicos que hacían de la comunidad a solo dos horas de la Ciudad de Nueva York su hogar del fin de semana. A medida que pasaba el tiempo y su portafolio crecía, comenzó a escribir para otras publicaciones y pronto comenzó a ofrecer servicios editoriales también. Su primer gran paso como editora llegó cuando vivía en Indianápolis y fue contratada como revisora de texto a tiempo parcial para la editorial *For Dummies*.

Después de alrededor de una década en su carrera, Kathy se dio cuenta de que cuando le preguntaban en qué se ganaba la vida, y ella respondía «soy escritora», a menudo le comentaban: «Siempre quise ser escritor. Solo que no sé cómo empezar». Así que, además de escribir y editar, ella comenzó a enseñar a otros a escribir como una instructora de escritura. Al principio se reunía con personas en cafés para darles instrucción personal. Con el tiempo, con el avance de Internet y la llegada de servicios tales como Skype y Zoom, ella comenzó a reunirse virtualmente con sus clientes.

En el momento en que escribo esto, ella está lanzando un nuevo programa para guiar a las familias en la preservación del legado de sus historias, para que los preciados recuerdos familiares estén disponibles para futuras generaciones. Para saber más acerca de sus servicios, ver: www.kathysparrow.com

Cómo empezar y marketing

Las recomendaciones boca a boca mantienen a Kathy ocupada. Ella ha construido su negocio haciendo «lo que está llamada a hacer». No obstante, se mantiene visible teniendo un sitio web, un perfil en LinkedIn, y varios canales de redes sociales: Facebook, Tweeter e Instagram. Allí no solo comparte cotilleos sobre su propia vida, sino consejos sobre escritura y también perfiles de clientes.

Para un marketing más asertivo, LinkedIn tiene un servicio ProFinder. Aquí las personas en LinkedIn publican una solicitud de propuestas. La propuesta es una simple declaración que explica por qué uno es apto para el empleo, y luego si la persona o compañía está interesada, se contactan con uno. Para más detalles, ver https://www.linkedin.com/profinder. También hay múltiples sitios donde uno puede presentar sus talentos y servicios, tales como Upwork, https://www.upwork.com/, o Freelancer https://www.freelancer.com/info/how-it-works/, Indeed.com, y los «curros» de Craigslist. Más sobre estos sitios en la Sección 9.

Variantes | Para palabras

NEGOCIO 9

Editor(a) Virtual

Aplicarás el mismo procedimiento de inicio, marketing, y consejos y técnicas que para el negocio de instructor de escritura. Todo escritor necesita un buen editor que lea el contenido para que sea claro, para asegurarse de la correcta puntuación, que no falten palabras en las frases u oraciones, y estén correctamente escritas. Esto se puede hacer en un contexto virtual, intercambiando bosquejos en Trello.com o en GoogleDocs.com.

NEGOCIO 10

Escribe un Blog

Los blogs pueden darte una salida para tus ideas, pasiones y palabras de sabiduría mientras atraes patrocinadores y avisos formando una audiencia. Puedes ir a Wordpress.com o un servicio similar y comenzar tu propio blog en un instante. Construye una audiencia y luego vende patrocinios.

También hay sitios donde uno puede escribir un blog como invitado. Recibe de 75 a 100 dólares por un artículo de 900 a 1500 palabras en sitios como Freelance Mom-The Source for Professional Moms. Revisa sus normas en http://www.freelancemom.com/guest-post-guidelines/

Descubre otros lugares para publicar leyendo «Top 9 Places to Find Paid Blogging Jobs» en *The Balance Small Business.* https://www.thebalancesmb.com/top-places-to-find-paid-blogging-jobs-2531559

NEGOCIO 11

Administración de redes sociales

¿Te encanta crear memes y publicaciones reflexivas e inspiradoras en las redes sociales? Los pequeños negocios normalmente no tienen tiempo para pasar horas y horas creando contenido. Aquí puedes hacer entre 25 y 30 dólares por hora ayudando a promocionar otros negocios. Los administradores de redes sociales ayudan a otros negocios a operar su juego de redes sociales. Esto habitualmente implica ayudarles a establecer sus páginas y cuentas adecuadamente y luego publicar a nombre de ellos.

NEGOCIO 12

Contabilidad virtual

Quizá la escritura no sea lo tuyo, pero eres hábil con los números. Los contadores virtuales pueden proveer teneduría de libros, contabilidad, y servicios tributarios que los clientes, especialmente los dueños de negocios, valoran. Muchos dueños de empresas dicen que cuesta encontrar buenos contadores. Si pueden encontrar a alguien confiable por una fracción del costo de un empleado a tiempo completo, te contratarán a ti y te mantendrán siempre ocupado. Puedes salvar la brecha de proximidad y el intercambio de datos usando un programa de contabilidad en línea como QuickBooks/nube o uno de los otros que menciono en la sección de servicios y herramientas al final del libro.

En un artículo en *ThePennyHoarder.com*, Ben Robinson, un contador público certificado y dueño de una empresa, quien ensena a otros a convertirse en contadores virtuales, señaló que muchos contadores virtuales pueden ganar hasta 60 dólares por hora.

NEGOCIO 13

Administración virtual

Algunos clientes necesitan más que un asistente. Necesitan una solución más robusta a las cargas administrativas que están soportando actualmente. En Dynamic Advisor Solutions proveemos completo apoyo administrativo intermedio y de respaldo a consultores financieros y compañías consultoras. Ellos pueden literalmente subcontratar la totalidad de su administración de respaldo, pago de cuentas, cumplimiento, y manejo de inversiones con Dynamic mientras reciben los servicios profesionales y consultoría que necesitan para crecer orgánica y estratégicamente.

Otro ejemplo de administración virtual está en el campo médico. En Estados Unidos hay consultores que operan Medicare, Medicaid, cuentas de seguros, y la contabilidad para oficinas de doctores. El proceso de envío de servicios a Medicare, Medicaid y las compañías de seguro médico es complejo y especializado. Muchas oficinas de doctores se atrasan en el envío de requerimientos de pago y no cobran el reembolso de los servicios prestados porque no tienen las competencias o el personal para codificar y solicitar estos reembolsos. Si has trabajado como codificador de Medicare, Medicaid o de seguros, o en la evaluación del servicio médico requerido, en la oficina de un doctor o en un hospital, puedes trabajar a distancia con estas compañías externas mientras trabajas desde casa, o creas tu propia compañía para realizar codificaciones y solicitudes para las oficinas de tus doctores locales. La mayoría de los doctores gastan demasiado en remuneraciones para este tipo de cargo a tiempo completo y todavía se atrasan mucho en cuentas y reembolsos. Este es el talón de Aquiles de la oficina o consulta médica local. Tú puedes ayudar.

Variantes | Proyectos y tareas

NEGOCIO 14

Asistente Virtual

¿Eres una persona organizada y enfocada en los detalles? Entonces asistir al dueño de una pequeña empresa o incluso a un ocupado director ejecutivo puede ser la respuesta a tus oraciones por un trabajo en casa. Estas oportunidades suelen ser publicadas en Upwork, ZipRecruiter y Facebook. También existe una Asociación de Asistentes Virtuales. Visita su página en Vanetworking.com. Según esta organización, se puede ganar entre **25 y 100 dólares por hora** dependiendo de los servicios que se ofrecen.

Variantes del asistente virtual

NEGOCIO 15

Asistente personal

Algunas personas están dispuestas a pagarte solo para que hagas sus quehaceres, ¡aunque no estén involucrados en negocios! Piensa en la gente de *Real Housewives of Beverly Hills.*

NEGOCIO 16

Comprador Personal

¿Te gustan las compras? ¿O escoger ropa? Compra por alguien más y recibe un pago por ello. Ahora mismo, Instacart está creciendo al proveer servicios de compra de comestibles para personas que no están dispuestas a ponerse una máscara e ir a la tienda. Muchos se están dando cuenta de que así es como podrían seguir las cosas después de la cuarentena.

NEGOCIO 17

Encargado(a) de tareas

Algunas personas quieren a alguien que pueda encargarse de diversas tareas y trabajos. El tipo de persona que sabe cómo llevar a cabo las cosas. Existe demanda de encargados de tareas y proyectos virtuales.

La **promoción de tus servicios virtuales** es fácil en tus páginas de redes sociales tales como Twitter, Facebook, y LinkedIn. No olvides Instagram y YouTube. Las imágenes y videos están entre las herramientas de comunicación más potentes que existen. Crea un meme o imagen para Instagram con una cita de alguna porción de tu trabajo. Pon un enlace a tu sitio web en tu perfil de Instagram. Para YouTube, haz un video breve y sincero donde le cuentes a la gente lo que te gusta de tu negocio. Querrás publicar tus servicios para postular en mercados de trabajo independiente tales como Fivver y UpWork. Encontrarás más de estos sitios en *Sección Diez: Vende tus servicios.*

SECCIÓN CINCO
Delicias culinarias

«Pienso que la cocina cuidadosa es amor, ¿no te parece? Lo más amoroso que puedes cocinar para alguien cercano a ti es tan cariñoso como regalar una tarjeta de San Valentín».

~ Julia Child

La comida es el corazón y el alma de las familias, culturas y muchos sucesos de la vida y funciones de negocios. Suele ser el centro de conversación cuando nos reunimos con amigos y familiares y compartimos nuestra alegría por un restaurante recién inaugurado o un plato precocido que encontramos en la sección de especialidades de nuestro almacén local. Además, muchas personas acuden a la cocina para una actividad relajante al final del día o como el foco de unas vacaciones anuales.

En esta sección serás inspirado a incursionar en tus curiosidades culinarias y quizá halles una forma de añadir una considerable porción a tu ingreso semanal.

NEGOCIO 18

¡Sabine!

Educación de experiencia culinaria

La panadería alemana es el amor de toda una vida para Sabine Friederich-Walter, la residente de San Diego que nació en Hamburgo, Alemania, y vivió allá gran parte de su vida adulta. Sin embargo, su destreza culinaria no siempre ha sido un medio para ganarse la vida para la madre de dos hijos y abuela de un nieto; hasta hace poco.

Hace algunos años, Sabine, quien todavía habla su lengua materna con su distintivo acento, tuvo una conversación con algunos conocidos que también venían de Alemania respecto a que no podían encontrar buen pan y pastelería alemana en sus tiendas locales. A ella se le ocurrió comenzar a preparar pan y luego vender sus creaciones a las mismas personas que lamentaban la falta de delicias culinarias nativas.

«Pero me metí en un problema», explica Sabine, quien se mudó a Estados Unidos en 2000. «Dado que yo insisto en usar ingredientes de alta calidad, el costo de la preparación del pan aumentó tanto que nadie quería comprar mi pan».

Sabine no se iba a intimidar y su siguiente paso fue ofrecer clases privadas de panadería en las casas. Eso funcionó algún tiempo hasta que los anfitriones rehusaron compartir su espacio con extraños. El boca a boca le había creado un creciente número de seguidores.

Una vez más, se necesitó ingenio y perseverancia. Sabine se acercó a City Farmers Nursery, que es promocionado como «La fuente de plantas mantenidas orgánicamente, suelos orgánicos, y abastecimiento para la casa de San Diego». Además de vender plantas e implementos para el jardín, hay un espacio para café y educación. La disposición de Sabine para hacer una solicitud dio resultado. Ahora ella ofrece su distintivo curso «Masa madre desde cero». Los participantes aprenden a usar levadura natural, masa madre, y otros cultivos para preparar pan. Si bien el pan no se prepara en el sitio, los participantes llevan su levadura a casa junto con instrucciones de preparación del pan.

Al momento de escribir esto, Sabine, quien tenía una tienda en Hamburgo, que ella describía como una mezcla de Crate & Barrel y World Market, está buscando otros locales con los cuales asociarse para aumentar su oferta, incluido el *strudel* de manzana. También quiere seguir compartiendo su filosofía de la comida saludable, inculcada desde sus raíces europeas. Ahora está en el proceso de crear cursos por video en línea para compartir por doquier su amor a la pastelería alemana.

Cómo empezar

Si tienes talento para cocinar, puedes hallar familias trabajadoras ocupadas a las que les encantaría una solución que provea una comida conveniente con calidad de restaurante si quieres trabajar como chef personal. O en lugar de eso tal vez quieras enseñarle a la gente a cocinar tus platos exclusivos mediante clases regulares o en línea. Puedes escalar rápidamente en este negocio si cambias a un modelo de suscripción y enseñanza en línea. Crea una comunidad o grupo en Facebook, ofreciendo breves consejos y videos que le señalen a la gente tu página web, donde pueden inscribirse en clases o para una suscripción mensual con contenido y acceso ilimitado.

Tal vez quieras especializarte en una disciplina culinaria en particular, como comida vegana o libre de gluten para atraer a una clientela aún más motivada. Busca formas de diferenciarte: vegana, sin gluten, baja en carbohidratos, exótica, internacional, pasta casera desde cero, etc.

Marketing

Este tipo de negocio suele despegar gracias a las referencias de boca en boca. También es útil tener una página de Facebook con las horas de operación, los tipos de servicios, y un poco acerca de tu historia. Asimismo, resulta útil publicar en Instagram y Twitter.

Muchas comunidades también tienen Nextdoor.com, `donde, de modo similar a Facebook, uno se puede conectar con su comunidad y compartir la noticia de que uno ha abierto un negocio.

Variantes

NEGOCIO 19

Comida cruda

Enséñale a la gente a incorporar comidas crudas a su dieta, como hizo Joletta Cason. Sus servicios son: orientación, cursos de cocina, tutoriales de tienda de comestibles, remodelaciones de despensa y refrigerador, educación de hábitos saludables, y conferencista. Tus categorías en línea pueden ser: servicio de salud alternativa y holística, orientación, cocina. Puedes conocer más acerca de su aventura en su página de Facebook: https://www.facebook.com/rawandrealkitchenwithjoletta/

NEGOCIO 20

Chef privado

Desde comida paleo a vegana y todo lo que hay entremedio, mucha gente simplemente no tiene el tiempo o la inclinación a cocinar comidas buenas y saludables. Y hoy en día mucha gente simplemente está cansada de cocinar todas sus comidas. Tus talentos culinarios podrían ser la respuesta a las oraciones de otro.

SECCIÓN SEIS
Organización y mercadería con historia

«Cuando hagan cualquier trabajo, háganlo de todo corazón».

Colosenses 3:23

En cada comunidad del país —y del mundo—, la gente necesita ayuda para mantener, organizar y mejorar sus casas y jardines. Sin embargo, no todos tienen el tiempo para atender el hogar o el patio cuando trabajan a tiempo completo en sus profesiones, crían a sus hijos, viajan por negocios o placer, o invierten en esfuerzos voluntarios. Tampoco mucha gente tiene el talento o la paciencia para crear obras de arte con la simple ubicación de muebles o plantas, o para organizar sus posesiones, decidir qué conservar, qué donar, y qué enviar al vertedero. Aquí es donde tus talentos y habilidades podrían subir como la crema en una botella antigua de leche. En esta sección, conocerás a Kathi Burns, quien ha creado un negocio relativo al estilo de vida con mucha pasión y poco dinero.

NEGOCIO 21

Kathi Burns - Especialista en organización

Kathi Burns y su esposo, Rob, tenían una próspera empresa de impresión en Florida, hasta el suceso de las Torres Gemelas. La vida dio un vuelco, y luego de declararse en bancarrota, se dirigieron a San Diego para un nuevo comienzo. Con el incentivo de Rob, Kathi se tomó un año para reinventarse, y durante ese tiempo ayudó a una amiga que se estaba recuperando de algunos problemas de salud a limpiar su casa, eliminando objetos no deseados y organizando las pertenencias de su amiga. En el proceso, Kathi descubrió su pasión por ayudar a la gente a crear espacio en sus vidas.

«Yo sabía por intuición que necesitábamos despejar algunas cosas para que ella se sintiera mejor, así que trabajé con ella para ordenar su casa», explica Kathi. «Más tarde ella dijo: "Tienes que hablar con mi novia, quien ha estado contratando una organizadora profesional durante años"».

Kathi no estaba segura de qué era una organizadora profesional, pero llamó a la mujer, quien tuvo la amabilidad de pasar 45 minutos diciéndole a Kathi todo lo que hacía una organizadora. «Como emprendedora y como alguien que ha tenido diversas carreras en el pasado, pensé que podía con esto», dice Kathi.

Con una inversión de 49 dólares para imprimir tarjetas de presentación y con una clientela firmemente establecida, Kathi comenzó su negocio. Dieciséis años después, Kathi no solo ayuda a la gente a organizar sus armarios, garajes, oficinas y otros, sino que ha expandido sus servicios para incluir asesoría de imagen, y un negocio en línea donde vende sus cursos a las personas que quieran crear espacio en su vida, pero no pueden pagar su tarifa de 125 dólares por hora.

El concepto del negocio de Kathi, «organizada y energizada», está ayudando a las personas a poner orden en sus vidas porque sin orden no podemos llevar a cabo las cosas y no podemos divertirnos. «Fue un don de Dios para mí encontrar las palabras y el espacio para tu vida, porque esa es realmente mi intención, añadir espacio a la vida de todos».

Cómo empezar

Al comienzo, Kathi tenía mucho tiempo, pero no mucho dinero. Sin embargo, no dejó que eso la detuviera. Imprimió sus tarjetas de presentación y volantes, y pasaba alrededor de cuatro horas diarias recorriendo barrios acomodados del condado de San Diego, dejando su información en automóviles y puertas.

«Me enfocaba en zonas donde sabía que la gente tenía los medios y demasiadas cosas. Porque, como sabemos, cuando uno tiene mucho dinero, comienza a comprar y acumular. Así que sabía que tendrían el dinero para pagarme». Al final de cada día, normalmente tenía un nuevo cliente.

Adicionalmente, Kathi escribía una columna «Estimada Kathi» para un diario local donde abordaba los temas de eliminar el desorden, llevar una vida más sencilla y otros. Con el tiempo, esos pequeños ensayos se convirtieron en el contenido de su página web. Pronto fue descubierta por los medios locales y nacionales. Fue entrevistada por el programa *Good Morning America* en un segmento sobre mujeres empresarias y emprendedoras exitosas. También ha sido citada en artículos o ha escrito artículos para muchas revistas nacionales.

Su sitio web incluye diversos libros gratuitos y capacitaciones en línea con ideas para crear una casa u oficina organizada, con el fin de atraer nuevos clientes. También tiene un libro y diversos cursos en línea que le generan ingresos pasivos. Un reciente lanzamiento de uno de sus cursos generó ingresos brutos de 30.000 dólares.
También ha añadido organización virtual a sus servicios, lo que le permite trabajar en casa y aún servir a las necesidades de sus clientes a distancia. Para saber más de Kathi Burns visita:
https://organizedandenergized.com/

Consejos y técnicas

Kathi dice:

1. «No es necesario tener mucho dinero para emprender un negocio.
2. Solo se necesita la fortaleza y la convicción de que nuestra idea beneficiará a otros y seguir adelante.
3. En realidad no solo tienes que pensar en qué puedes hacer y qué no puedes hacer, sino en qué *no quieres* hacer. En otras palabras, ¿qué *no* deberías estar haciendo, es decir, delegando?

Variantes

Una vez que has ayudado a alguien a organizar sus pertenencias o a reducir tamaño, puedes ofrecer transportar sus cosas sobrantes, almacenarlas, o venderlas en lugar de ellos por una comisión.

NEGOCIO 22

Deséchalo

Cárgalo hasta un sitio de disposición de basura, o subcontrata a un cargador de basura si el volumen es demasiado grande para que puedas manejarlo. Empresas tales como Waste Management (wm.com) normalmente tienen estaciones de desecho, estaciones de transferencia, o centros de reciclaje en tu comunidad.

NEGOCIO 23

Almacénalo

Si se da el caso de que tienes espacio no utilizado en un garaje o bodega, puedes almacenar artículos de exceso para los clientes (necesitarás un seguro apropiado para el espacio y los bienes), o arrienda una unidad de almacenamiento por ellos y luego transporta los artículos a esa bodega. Sumarás un margen de ganancia a todos tus servicios subcontratados como los transportistas y bodegas.

NEGOCIO 24

Véndelo

Si piensas que algunos de los artículos tienen valor para ser revendidos, puedes ofrecer vender todos o algunos de los artículos en línea. Normalmente repartirán el precio de las ventas con el dueño de la propiedad. Puede que ellos te den un precio mínimo de venta y tú tendrás que asumir ese hecho si el artículo no se vende en su precio mínimo, ya sea recibiendo una parte inferior, o rechazando el artículo si piensas que perderás el tiempo en un producto con sobreprecio. Lo mejor de todo es que gran parte de la venta se puede realizar en línea.

NEGOCIO 25

Venta en consignación en línea

Aquí quizá quieras enfocarte en artículos más pequeños fáciles de enviar, tales como joyería o coleccionables. eBay, Etsy, Facebook y Nextdoor son algunos de los lugares donde puedes publicar artículos en venta. Incluso podrías ir más lejos y construir tu propio sitio web usando Wix o WordPress. Mira los detalles sobre cómo hacer este negocio en la Sección Nueve, que contiene sitios y herramientas en línea.

NEGOCIO 26

Tienda de usados en línea

¡Excelente para alguien al que le encante coleccionar objetos! Esto es similar a las ventas en consignación, pero la diferencia está en que tú eres dueño de la mercancía en una tienda de usados, mientras vendes artículos de otras personas en una tienda de consignaciones. La gente compra todo tipo de cosas en línea. Llámalas usadas, con historia, reutilizadas, delicadamente gastadas, lo que sea; hay un mercado para tus cosas favoritas. Existen numerosas tiendas como Amazon, eBay, Bonanza, eBid Craigslist, Facebook Marketplace, Ruby Lane, y Etsy, donde puedes vender productos en línea. Existe mucha competencia, así que asegúrate de seguir mi consejo y encuentra tu diferenciador y Factor X (ver Sección Uno). Procura crear una identidad o un nicho que te distinga, y cuando sea posible, cuenta una historia sobre el producto. A la gente le encanta comprar productos que vienen con una historia.

SECCIÓN SIETE
Artículos artesanales – Créalo, publícalo, véndelo

«Todos nuestros sueños pueden hacerse realidad si tenemos el valor para perseguirlos».

~ Walt Disney

Según Statista, «desde 2019, más de 2,5 millones de vendedores vendieron productos a través de la plataforma Etsy, por sobre 2,1 millones de vendedores activos el año anterior. En comparación, había más de 39,4 millones de compradores activos de Etsy en el mundo»[3]. Los vendedores son los soñadores de nuestra sociedad; ellos tienen el valor de hacer que las cosas sucedan, y también tú.

Parece razonable que se puede ganar dinero haciendo algo que a uno realmente le encanta, con toda clase de materiales, desde la comodidad del hogar. Las ideas son infinitas: puedes hacer jabones, puedes tejer ropa y accesorios, puedes construir pajareras, y mucho más. Muchos han preparado el camino para que tú te unas al viaje. Danielle Vincent de Jabones Outlaw es solo una persona que dejó la vida en las empresas para proveer productos de cuidado corporal que fascinan los sentidos.

<u>**NEGOCIO 27**</u>

Jabones especiales

Jabones Outlaw

3 https://www.statista.com/statistics/409374/etsy-active-sellers/.

Danielle Vincent pasó gran parte de su carrera como gerente de producto en varias corporaciones, entre ellas: OWN: The Oprah Winfrey Network, ABC, y otras. No obstante, Danielle no estaba viviendo la vida en plenitud. Aunque vivía en el centro de Los Angeles, rara vez se aventuraba a los entornos naturales de Joshua Tree y Lake Hughes, a solo una hora de la «bodega de concreto» donde vivía.

«Sentía que simplemente tenía *escasa conexión* con los lugares que me encantaban, que quizá podría inspirarme y motivarme a ir allá más a menudo. Como si hubiera tenido su aroma en mí, como si llevara conmigo un trozo de ellos, recordándome por qué estaba viva», compartió en su página de Facebook.

Desde su propio deseo de tener una conexión más profunda con la naturaleza, en marzo de 2013 nació Jabones Outlaw: para gente aventurera, por gente aventurera.

«Jabones Outlaw es una forma de conectarte con recuerdos felices, buenos lugares, entornos inspiradores y, más que todo, recordarte que vivas tu mejor vida (gracias por eso, Oprah). Todas nuestras esencias, incluida la salvia del desierto (Lust in the Dust, jabón inspirado en la artemisa), whiskey (Hair of the Dog, jabón inspirado en el whiskey) y todas los demás (Unicorn Poop tiene su propia historia) están diseñadas para llevarte al exterior y recordarte que la rutina diaria no es la rutina de tu vida», dice Danielle.

Esta compañía de rápido crecimiento en Reno, Nevada, tiene una amplia y leal base de clientes y está asociada con «todos los Mercados Whole Food del norte de California y docenas de boutiques y tiendas de regalos en todo Estados Unidos… Han aparecido en *Cowboys & Indians Magazine, Yahoo!, WIRED Magazine, Food Network Magazine, VICE Magazine, Oprah.com, Thrillist,* y en muchas otras publicaciones que marcan tendencias»[4].

4 https://www.linkedin.com/in/danielleavincent/.

Si bien Danielle y su socio en la vida y los negocios, Russ Vincent, comenzaron haciendo jabones, la línea de variedades se ha expandido para incluir gel de ducha, desodorante, lociones, colonias, y mucho más. Los productos tienen nombres inspirados en el salvaje oeste, tales como «The Badlands», «Blazing Saddles», «Calamity Jane», «Home on the Range», y otros. Además de los productos individuales, también hay sets de regalo, cajas de suscripción, y otros.

Cómo empezar

Tal como mi equipo y yo hemos escuchado una y otra vez, un negocio exitoso nace de una buena idea respaldada por la pasión. Si eres tibio respecto a cualquiera de tus aventuras de negocios, es una apuesta segura de que se estrellará rápidamente —si es que logra despegar siquiera. Por ejemplo, no querrás encerrarte en tu taller de carpintería haciendo pajareras si detestas los pájaros. Ni querrás estar sentado todo el día tejiendo si eres alérgico al hilo. Como hizo Danielle, encuentra algo que te recuerde vivir tu mejor vida, una que sirva a los demás y alegre sus vidas.

Cualquiera que sea el producto artesanal que elijas vender, haz unos pocos y trata de venderlos antes de crear los materiales, herramientas, inventario, y páginas de redes sociales. Prueba si tus amigos y familia compran algunos de tus jabones a pedido, banderas de chatarra, o caña de pescar de bambú antes de pasar a la siguiente fase.

Si amigos y familia compran algunas unidades, publica tu producto en las redes sociales y ve si recibes una buena respuesta. Yo he comprado cañas de pescar y candelabros de cornamentas que he encontrado en Facebook o Instagram. ¡La gente quiere comprar lo que ve! Preferiría comprar la caña que veo atrapando un pez en el río Missouri que una sobre una alfombra negra en un estudio fotográfico. Una vez que has probado tu producto y sabes que la gente comprará todo lo que puedas producir, entonces comienza a mostrar tu producto intensamente en todos los canales de redes sociales: Instagram, Facebook, Twitter, YouTube, etc. Ahora es el momento de establecer tu sitio de comercio electrónico y llevarlo al siguiente nivel.

Consejo de Marketing

En esta era del marketing vía Internet, incluso para un negocio de productos físicos, un sitio web y canales de redes sociales tales como Facebook son esenciales para llegar a tu clientela, como ya he mostrado. Asegúrate de crear una URL personalizada y nombre de usuario que identifique tu negocio. La dirección de Facebook de Jabones Outlaw es: https://www.facebook.com/OutlawSoaps/

Variantes

Solo mencionaré algunas, porque si enumerara todas las posibilidades, este libro sería más largo que *El Quijote.*

NEGOCIO 28

Bienestar de mascotas

Otra idea que es tendencia: cosas saludables para mascotas, libres de grano y cuero. Una caja de regalo con una suculenta, una vela, y una tarjeta de condolencias por la pérdida de una mascota ha vendido recientemente casi 4.000 unidades por poco menos de 20 dólares. Eso suma casi 80.000 dólares en ventas por solo un artículo en etsy.com.

NEGOCIO 29

Moda deportiva

Camisetas personalizadas, calzas, y botellas de agua son de fácil abastecimiento y su popularidad sigue aumentando en tiendas tanto tradicionales como en línea (Lululemon, un minorista similar está publicando grandes ganancias este año). Puedes abastecerte de productos impresos según demanda si no quieres hacerlos tú mismo, así que, una vez más, necesitas poca inversión por adelantado para tomar pedidos personalizados en línea. Los tres artículos que mencioné (calzas, camisetas, y botellas de agua de todo tipo) son de fácil abastecimiento como productos personalizados. Pon tus diseños especiales sobre estos artículos y véndelos como tu propia marca.

NEGOCIO 30

Letreros para el hogar

No es algo nuevo, pero todavía se vende bien. Si puedes hacer que tus letreros se vean auténticos y recibes pedidos personalizados, puedes encontrar una buena clientela.

NEGOCIO 31

Muebles en acero y estilo industrial

¡De moda para compradores jóvenes! Si ya sabes hacer estos artículos, no necesitas mi ayuda para manufactura. Usarás las salidas minoristas que describo en las Secciones Nueve y Diez para vender y promocionar nuestras creaciones. Estas últimas ideas y las siguientes se mencionan porque son tendencia y muy populares en el universo de las ventas en línea según las ventas de 2019. Hay cientos de segmentos e ideas de negocios, pero estas son algunas de las más populares.

NEGOCIO 32

Bolsos de accesorios / Pecheras

La página TheCraftBooth.com dice: «Los bolsos que se acomodan al caminante, bolsos personalizados con bolsillos donde cabe el teléfono, e incluso pecheras con bolsillos para artesanos, etc., son bastante populares. En particular entre los creativos, los bolsos que tienen bolsillos para cosas específicas tales como ganchos o agujas, etc. Si puedes personalizarlo para que se ajuste a una necesidad y sea tan bonito como práctico, eso es un extra».

Si necesitas más inspiración ve a Pinterest y busca «manualidades para vender». Si te encantó la historia del jabón, lee acerca de otro emprendedor de jabones buscando Dr. Bronner's Magic Soaps.

SECCIÓN OCHO
La vida es una carretera

«No entregues un producto, entrega una experiencia».

~ Anónimo

El futuro de la economía lucirá bastante similar a esta sección. «Bienes y servicios entre pares, posibilitados por la tecnología, disponibles a demanda dentro de redes de afinidad, y otras formas nuevas de comunidad», escribe J. W. Smith en *The Independent Review, A Journal of Political Economy*. La conducción es uno de estos emprendimientos.

Según el difunto Alan Krueger, quien fue presidente del Consejo de Asesores Económicos del Presidente Obama, el conductor típico de Uber es un hombre con educación superior, casado y con hijos, quien complementa un empleo regular con aproximadamente 15 horas de conducción a la semana, lo que consiste en 20-30 viajes, y gana entre 300 y 400 dólares a la semana. El economista de Princeton descubrió que el 80 por ciento de los conductores de Uber son conductores uberX y que el mayor mercado es Los Angeles, con Miami y Austin creciendo rápidamente.

Hay muchas formas de ganar dinero conduciendo aparte de Uber y seguir siendo un emprendedor. Veamos algunas.

NEGOCIO 33

Compartir el vehículo, trabajando con compañías como **Uber** o **Lyft**, te da una oportunidad de usar un bien (automóvil) que ya posees para generar ingresos. Para los requisitos de Uber en tu región, revisa https://www.uber.com/cl/es/drive/requirements/. Para los requisitos de Lyft, revisa https://www.lyft.com/driver. Si tu auto no es tan grande, explora HyreCar.com (para arrendar y conducir, o arrendar para generar un ingreso pasivo).

NEGOCIO 34

Reparto basado en una aplicación, tal como **UberEats.com**, **DoorDash.com**, **Seamless.com**, **Instacart.com**, y **GrubHub.com** te permite ser tu propio jefe y de todas formas ganar dinero con tu auto si este no es apropiado para viajes compartidos.

NEGOCIO 35

Arrienda tu auto mediante servicios como **Turo.com** o **Getaround.com**. Convierte en dinero el tiempo muerto de tu auto. ¡Considéralo como Airbnb para tu auto! Con **Wrapify.com**, puedes convertir tu auto en un letrero rodante. Es un servicio basado en una aplicación que te asigna una campaña de compañías que envolverán parcial o totalmente tu auto con su mensaje.

NEGOCIO 36

Reparte para Amazon

Los clientes quieren que sus pedidos se despachen rápido. **Amazon Flex** es la solución para que las entregas lleguen a los clientes más rápido. Puedes ganar entre 18 y 25 dólares por hora programando las cuadras de disponibilidad en la aplicación Amazon Flex. Recoges paquetes de la bodega de Amazon y luego la aplicación te da las indicaciones hacia el punto de entrega. Amazon solo contrata en ciertos momentos en ciertos mercados, así que cuando postules tal vez tengas que esperar que te contacten cuando estén contratando en tu zona.

NEGOCIO 37

El **transporte de ancianos** es una actividad que se puede encontrar en **ElderCare.com**, donde uno traslada ancianos en su comunidad. Puedes transportar a niños desde seis años vía **HopSkipDrive.com**, la cual opera en California y Colorado.

SECCIÓN NUEVE

Guía para tu tienda y oficina virtual
Herramientas para el comercio en línea

«En nuestro mundo rápidamente cambiante, creo que reinventarse frecuentemente es más seguro que hacer lo que uno siempre ha hecho».

~ Steve Bookbinder, director ejecutivo de Digital Media Training

Tu venta solo está completa cuando el dinero está en tus manos. Después de haber hecho toda la planificación, creatividad y marketing, ahora necesitas un modo de hacer o facilitar la venta de tu producto o servicio y recibir el pago. En otras palabras, ¿de qué manera te compran tus clientes y cómo te pagan?

En un negocio tradicional, tu cliente te entregaría dinero en papel, un cheque, o una tarjeta de crédito plástica. En el mundo virtual, recibirás pagos en línea. Tus clientes habitualmente te pagarán con un número de tarjeta de crédito, fecha de vencimiento, y código. Tal vez también elijas aceptar formas de pago alternativas como PayPal o Apple Pay. Yo tengo ambas, pero encuentro que muchos clientes no tienen PayPal ni Apple Pay y prefieren proveer un número de tarjeta de crédito o débito tradicional.

Todo negocio es un intercambio de valor. Tú provees un producto o servicio, y tu cliente intercambiará valor, casi siempre dinero, por ese producto o servicio. En esta sección voy a dividir el tipo de objeto de venta en dos categorías:

1. Venta de productos
2. Venta de servicios

La venta de un ***producto*** incluirá los tipos de herramientas con los que probablemente ya estás familiarizado, tales como una tienda en línea o un carro de compras en tu sitio web, una tienda en eBay, u otros sitios similares en línea donde los clientes puedan comprar tus productos.

La venta de ***servicios*** es diferente. Puede incluir descripciones detalladas, demos, y videos que describen el servicio, pero en última instancia estás proveyendo un servicio, no entregando un producto físico.

Si estás vendiendo un producto, puedes construir una tienda en tu propio sitio web o puedes usar sitios y servicios de terceros para vender en línea. Muchas de las tiendas virtuales son como abrir tu propia pequeña vitrina, salvo que esta es virtual y en línea. Usando plantillas provistas por estos vendedores, puedes estar funcionando muy pronto. Otra ventaja de estos terceros socios de ventas, como Amazon y eBay, es la capacidad de búsqueda. Necesitas que la gente te encuentre en línea; mucha gente. Cuando construyes tu propio sitio web y ofreces productos o servicios ahí, puede que a las masas les cueste encontrarte. En contraste, es fácil encontrar tus productos en Etsy, Amazon o eBay. Motores de búsqueda como Google probablemente no pondrán tu sitio web en el primer lugar de la lista de resultados de búsqueda.

Cuando usas un socio en línea como Shopify o Etsy, puede ser más fácil que tus clientes te encuentren en línea, porque Shopify y Etsy están optimizando los resultados de búsqueda e incluso pagándole a Google para que ponga los resultados de búsqueda en primer lugar en su sitio. Si estás vendiendo joyería antigua, en tu sitio web y también en eBay, entonces ve a tu motor de búsqueda, escribe la descripción exacta del artículo, por ejemplo, «amatista engastada en platino». Nueve veces de diez encontrarás que los primeros resultados de la búsqueda serán eBay, Etsy, Amazon, y Pinterest. Yo acabo de intentarlo. Escribí «amatista engastada en platino» en la barra de búsqueda de Google, y mis resultados fueron un minorista de nueva joyería de amatista, gemvara.com, y luego etsy.com, ebay.com, y amazon.com, en ese orden. El primer sitio web privado de un minorista estaba en la mitad de la segunda página de resultados de búsqueda, tresormontecito.com, un significativo revendedor y minorista. Al ser un emprendimiento, sin una significativa inversión en optimización de búsqueda, tal vez aparezcas después de cinco o diez páginas de resultados de búsqueda, lo que posiblemente no genere la cantidad de tráfico y compradores en tu sitio que necesites para alcanzar tus objetivos.

Por lo tanto, el uso de una vitrina virtual y socios de ventas puede ayudarte a obtener la máxima exposición, simplificar el proceso de emprendimiento, y otorgarte un espacio, a veces múltiples espacios, para vender tu producto. Estos son algunos de los socios de ventas más comunes..

Amazon.com y eBay son dos de los más antiguos u «originales» mercados de ventas. La cuenta de ventas de Amazon cobra 0,99 por artículo hasta 40 artículos al mes, más un porcentaje de comisión dependiendo de la categoría donde aparezca el artículo. Las cuentas profesionales de venta con más de 40 artículos pagan una cuota de 39.99 dólares mensuales. Si quieres la mayor audiencia, Amazon es la propiedad de comercio electrónico más visitada de Estados Unidos. Solo en febrero de 2020 tuvieron más de 2 mil millones de visitas.

eBay.com fue la compañía pionera en las ventas en línea en 1995. Se paga una cuota de registro más tasas por categoría para que tu artículo aparezca en otras categorías, así como un porcentaje de la venta final y cuotas de despacho. El tráfico de eBay es alto, con 182 millones de compradores activos; sin embargo, en general se le tiene menos confianza que a Amazon.

Shopify.com tal vez sea uno de los sitios más fáciles y amigables con el usuario para vender tus productos. Por solo 29 dólares al mes, Shopify te proveerá tu propio sitio web, blog, certificados SSL, canales de venta de redes sociales, y recuperación de carros de compra abandonados, entre otras herramientas. Con un gran servicio al cliente, Shopify también se integra adecuadamente con otras aplicaciones de terceros.

Etsy.com Los compradores gastaron más de 3 mil millones de dólares en Etsy el año pasado en arte, coleccionables, manualidades, y antigüedades. Etsy es uno de los sitios más fáciles de usar y cobra 0.20 dólares por ingresar un artículo por cuatro meses, luego un 5% de transacción + 3% + 0,25 dólares de cargo por transacción una vez vendido el artículo. Etsy procesa todas tus transacciones de modo que no necesitas establecer un proceso de pago por separado. También tienen un programa de publicidad fuera del sitio por un 15%. Visita etsy.com/sell.

RubyLane.com La encuesta EcommerceBytes 2019 votó por RubyLane como el sitio de ventas recomendado número uno. Ellos reciben más de un millón de visitantes únicos cada mes y son conocidos por entusiastas coleccionistas de productos vintage y antiguos. Se paga una cuota de entrada de 100 dólares y 69 dólares mensuales por hasta 80 artículos. Si tu nicho es lo vintage o antiguo, Ruby Lane puede ser tu sitio.

Charish.com es una tienda de consignaciones en línea que se enfoca en mueblería de alta calidad y decoración del hogar. El ingreso es gratis y Charish cobra un porcentaje de la venta comenzando en 20% por los primeros 2.500 dólares, porcentaje que va disminuyendo en distintos puntos hasta el 3%, mientras el precio sube.

Facebook Marketplace, Craigslist y Nextdoor te ayudan a vender tus bienes localmente, a menudo para ser recogidos localmente en lugar de ser enviados, como es común en los modelos de venta mencionados anteriormente. Es muy fácil comenzar: solo toma un par de fotos y publica. Puedes crear una cuenta de vendedor en alrededor de diez minutos. Nextdoor es nuevo para mí, pero parece estar creciendo rápido. La plataforma de ventas es gratis y se considera un poco más segura que Craigslist, porque se requiere crear una cuenta.

También están **OfferUp** y **letgo,** con presencia tanto en línea como en aplicación móvil. Se espera que la reciente fusión de estas dos compañías cause un gran impacto en el ámbito de las ventas en línea. «La adquisición hará que dos de los más grandes mercados de compraventa de terceros —aparte de Craigslist, eBay y Facebook Marketplace, desde luego— se conviertan en una amenaza más significativa para los involucrados. En conjunto, la nueva entidad tendrá más de 20 millones de usuarios activos al mes en todo Estados Unidos. Para los consumidores, el trato significa que ya no tendrán que publicar en tantas aplicaciones cuando pretendan deshacerse de algunos artículos, electrodomésticos, muebles, o lo que quieran vender», informa Sarah Perez en su artículo en Tech Crunch[5].

5 https://techcrunch.com/2020/03/25/online-marketplace-offerup-raises-120m-acquires-top-competitor-letgo/.

Compañías que proveen apoyo secundario en el mercado virtual del siglo XXI

Oberlo te permite encontrar productos, agregarlos a tu tienda Shopify, y enviarlos directamente a tus clientes. Sin inventario. Puedes comenzar a vender directo desde el productor (*drop-shipping*) casi de inmediato. Si no estás creando tus propios productos, puedes revender productos elaborados en torno a un tema o un nicho como flamencos rosados y joyería de tortuga para un tema de isla, o quizá prefieras un tema de golf. Encuentra tu nicho.

Dedica un poco de tiempo a analizar este concepto del *drop-shipping*. Puedes simplemente comprar en Oberlo o en las compañías mencionadas más adelante los productos que quieras vender, pero no necesitas ordenar ningún inventario ni gastar dinero en productos y muestras. Solo exhibe imágenes, descripción y precio del producto en tu tienda. Cuando alguien pide el artículo y te paga, luego tú lo pides a Oberlo, y ellos lo empacan y envían directamente a tu cliente. ¡Lo único que tienes que hacer es promocionar tu tienda y productos! ¡Qué buena oferta!

Sin embargo, no se puede simplemente abrir una tienda y esperar recibir clientes. Hay que crear un grupo de seguidores y llevar a los clientes al sitio o tienda. Algunos de los vendedores más exitosos que he visto son personalidades de las redes sociales. Aparecen en Instagram, Facebook, y YouTube haciendo cosas divertidas con sus productos. Mujeres pescadoras aparecen en botes y con peces usando bellos collares y brazaletes de tortuga; los venden por montón en sus tiendas de Etsy. No porque hayan puesto un aviso, sino por lo que la foto hizo **sentir** al cliente. Esta es una de las técnicas de marketing más importantes que tienes que aprender.

Haz que la gente se **sienta** libre, que **sienta** el viento en el cabello y el sol en su espalda, mientras se ven a sí mismos en un bote o en una playa. No hay de qué preocuparse, ¡comprarán muchos brazaletes de tortuga!

La gente a caballo vende ropa del oeste. La gente en una tabla de surf vende trajes y lycras de surf. La gente en esquís vende ropa de invierno. Encuentra tu nicho, tu pasión, aquello que puedas hacer único y construir una comunidad en torno a ello. Una comunidad de personas con una mentalidad similar consumirá productos relacionados con su interés común: pesca, tiro, deportes de equipo, gatos, perros, caballos, botes, cultura vegana, acondicionamiento físico y muchísimos otros. Haz un poco de investigación en línea y construye tu nicho.

Otras compañías que proveen un apoyo similar a los vendedores son:

- **Spocket.co. / Modalyst.co,** las que pueden darte acceso a marcas importantes como Calvin Klein y Puma.
- **ProductPro** evita a los proveedores asiáticos y se enfoca en 50.000 productos basados en Estados Unidos.
- **UnitcXpress.com** te ayuda a presentar y editar tus productos como también a crear precios.
- **Importify.com** es una aplicación que te permite acceder a múltiples proveedores y agregarlos a tu sitio.
- **Spreadr.co** te permite hacer *drop-shipping* o afiliarte con ellos, vinculándote con Amazon para que puedas agregar sus productos a tu tienda para que luzca más grande, y luego ganar una comisión por ventas.

SECCIÓN DIEZ
Vende tus servicios

«Acércate a cada cliente con la idea de ayudarle a resolver un problema o alcanzar un objetivo, no de venderle un producto o servicio».

~ Brian Tracy, conferencista motivacional

La venta de servicios tradicionales en línea requerirá que tengas tu propio sitio web y tu propio sistema de procesamiento de pago en tu sitio web que pueda aceptar pagos por tus servicios. Si no usas un tercero tal como Upwork o Fiverr, como resumiré más adelante, necesitarás insertar comercio electrónico a tu sitio web. Primero necesitarás un certificado SSL para probar que tu sitio es seguro. Deberías poder añadir eso con tu plan del servidor. Segundo, necesitarás una cuenta mercantil para procesar tarjetas de crédito.

- **MerchantOneProcessing.com** es una de las que tiene el menor precio, comenzando solo en 0,29% de tus transacciones para minorista o en línea.
- **Square.com/us/en** es popular pero también cobra algunas de las tasas más altas, comenzando alrededor del 3,35% + 0,15 dólares por transacción. Square tiene el hardware más genial, desde luego.
- **PayPal.com** es otra opción a alrededor del 1,5%, pero no todos tienen una cuenta PayPal y a veces los compradores se confunden, pues no saben que pueden pagar mediante tu sistema PayPal con tarjeta de crédito. Muchas personas que

conozco usan el procesamiento de pago QuickBooks.com desde dentro de su programa de contabilidad QuickBooks basado en la nube. Es muy conveniente, pero implica tasas que varían desde el 1% para el sistema ACH hasta 3,4% para transacciones manuales.

- **Venmo or Zello** también son opciones para recibir y enviar dinero. No hay comisiones.

Mercados virtuales para servicios que también ofrecen procesamiento de pago

Si tu negocio virtual o en casa incluye un producto distribuible en línea tal como los mencionados en este libro, como asistente virtual, transcripciones, gráfica y diseño, diseño de páginas web, marketing digital, escritura y traducción, video y animación, música y audio, o programación y apoyo técnico, tal vez necesites ingresar a **UpWork** o **Fiverr.** Ellos no solo conectan a los clientes con los trabajadores independientes, sino que también procesan pagos por ti.

- **Fiverr.com** es un mercado para expertos y trabajadores independientes que provee una única solución para clientes que buscan servicios en 120 categorías (según Fiverr).
- **Freelancer.com** asegura que tiene 30 millones de usuarios y permite a los clientes publicar un empleo al cual responderán los trabajadores independientes.
- **UpWork.com** es un mercado similar a Freelancer donde los clientes proveen una descripción del trabajo, a veces material adicional (tal como una grabación para transcribir),

y un precio deseado, rango de precio, presupuesto, o precio máximo. Los trabajadores responderán o harán propuestas para el trabajo. El cliente elegirá al más adecuado, pagará un anticipo o pondrá dinero en garantía en algún punto del proceso, luego hará un pago final cuando el trabajo esté terminado. UpWork maneja todo el proceso de pago entre las partes.

¡Comencemos!

Ahora que te he dado algunas herramientas y materiales básicos, ¡comencemos a construir el negocio de tus sueños!

SECCIÓN ONCE

Razones para ser un emprendedor

Un emprendedor se involucra en los negocios por diversas razones, pero creo que todos compartimos algunas en común.

- **Prioridades y equilibrio.** Trae equilibrio y relajo a tu vida. Tú fijas tu cronograma y prioridades. Cuando eres capaz de poner tu fe y tu familia en primer lugar y no dependes de servir a las prioridades de tu empleador, hay una sensación de libertad como ninguna otra.
- **Director ejecutivo de ti mismo.** ¡Sé tu propio jefe!
- **Construye tu sueño, no el sueño de tu jefe.** ¿Por qué terminar al final de tu vida con remordimientos por aquello que estabas inspirado a hacer pero no hiciste?
- **Construye confianza**. Supera la autocrítica, la mentalidad negativa, y los patrones de conducta improductivos.
- **Libertad.** ¡Puedes escoger lo que haces y cuando lo haces el 99% del tiempo!
- **Autodeterminación**. Sé el capitán de tu propio futuro.
- **Vive tu sueño.** Supera la duda de ti mismo, en lugar de vivir en tus miedos.
- **Potencial de ingresos ilimitado.** Solo estás limitado por tu falta de fe, inspiración y perseverancia.

Las tres mejores decisiones que he tomado en la vida fueron comprometer mi vida con Dios, casarme con Cheri, y ser un emprendedor. No es una sorpresa que las tres estén relacionadas. Lo están de la siguiente manera: tener un empleo independiente me ha permitido dedicar mi vida a mi familia y al servicio de otros mientras les asigno al trabajo y los negocios el lugar que les corresponde en la lista de prioridades de la vida. En lugar de ser un esclavo del temor de perder el salario de mi empleador, me hice cargo de mis finanzas siendo el capitán de mi barco. Por tanto, ¿dónde deberían estar ubicados el trabajo y los negocios en la lista de la jerarquía de prioridades?

Sólidamente en el n° 4. Siempre debería estar después de nuestro compromiso con las cosas que más importan. El dinero y la empresa no son el objetivo que buscamos. Son vehículos que nos potencian en el servicio a los demás. El dinero no es el objetivo en la vida, sino más bien una herramienta que nos ayuda a ayudar a otros.

En resumen, esto es lo que enseña la Biblia acerca de las prioridades:

1. Dios
2. Familia
3. Los demás
4. Mayordomía

Para ser más preciso, los números 2 y 3 en realidad son lo mismo. Debemos amar a todos, en todo lugar, todo el tiempo; pero creo que aquí hay una distinción práctica donde tenemos un especial compromiso por nuestra familia. Nuestra familia es nuestro campo de entrenamiento. Es donde aprendemos a amar y servir.

Me gustan los resúmenes ejecutivos. Esta es la madre de todos los resúmenes ejecutivos. Jesús resumió todo el contenido de la Biblia, toda la enseñanza religiosa, y nuestro propósito en la vida en dos oraciones. Parafraseando, él dijo lo siguiente: «Toda la ley y los profetas se cumplen en los primeros dos mandamientos, los cuales son amar a Dios con todo tu corazón, tu mente, tu alma y tus fuerzas. El segundo es similar al primero, amar a los demás como a ti mismo».

Estas palabras nos brindan una indiscutible claridad sobre el sentido y el propósito de la vida y nos muestran dónde deberían estar nuestras prioridades. Sin ambigüedad ni transigencia: esta es nuestra verdad y tenemos que vivirla.

Así que, ¿qué hacemos con toda esta filosofía de prosperidad, dinero y éxito? Lo escuchamos en todas partes: haz lo que amas. Persigue tu pasión. Encuentra tu realización, significado, y propósito en el éxito financiero, profesional y empresarial. ¡Yo digo que lo pongamos al revés! Me explico.

Cuando uno lee esto, el mantra último, «Ama a Dios, ama a los demás», y luego lee sus parábolas, pareciera que Jesús pasa una excesiva cantidad de tiempo hablando inesperadamente acerca del dinero y los negocios. De hecho, sus dos parábolas más largas son «El mayordomo fiel» y las historias «Prudentes como serpientes, sencillos como palomas». ¿Cuál es el mensaje? ¿Es el amor o el dinero? Creo que la respuesta está oculta a plena vista.

Nuestro propósito en la vida es ***amar***, así que nuestro manejo del dinero y los negocios debe *servir* a ese destino. Tu destino en la vida es amar a los demás, de modo que no puedes amar el dinero, ni puedes hallar tu propósito y sentido en la vida mediante el solo éxito financiero. Solo es una herramienta para servir y amar a los demás. Si quieres ser un gran hombre o mujer de negocios, comprométete a ser un servidor para tus empleados, ayudando a cada uno a hallar el éxito personal. *Solo al ayudar a otros a tener éxito somos realmente exitosos.* Por lo tanto, el éxito con el dinero es importante, no por el amor al dinero sino por amor a los demás.

«Solo al ayudar a otros a tener éxito
somos realmente exitosos».
~ Jim Palumbo

Así que, ¿por qué soy emprendedor? Es simple. Porque me da la libertad y los recursos para servir a los demás. Así es, mi amigo. Ni más ni menos. Si tus prioridades son correctas y te ocupas de los negocios por las razones correctas, no serás impulsado por la codicia o el ego, y serás una celebridad en los negocios. Estarás cumpliendo tu propósito en la vida. Libre de avaricia, vicio y lucro, puedes lanzar y hacer crecer tu negocio rápida y exitosamente.

CONCLUSIÓN

¿Por qué escribí este librito?

He enseñado sobre emprendimiento a personas de todo el mundo. Adondequiera que voy, mi charla «Money, Money, Money» siempre es la más popular entre las audiencias y líderes. La mayoría de las clases, libros, cátedras y artículos de negocios más básicos se tratan de los elementos simples y necesarios para emprender un negocio: propuesta de valor, proveedores, marketing, distribución, contabilidad, y servicio al cliente. Sin embargo, las preguntas que más me hacen son, ¿qué negocio debo emprender y cómo lo empiezo?

Así que decidí escribir un libro más largo, del cual este libro es un extracto. El libro grande que saldrá este año es ***Start Your Business Today: 101 Business Ideas You Can Start with Little to No Money or Specialized Training***. Proporciona ideas de negocios en todas las categorías, más o menos en el mismo formato de este libro, con historias de éxito de la vida real y mini-planes de negocios. Este libro, *37 formas de trabajar hoy desde casa con poco o nada de dinero o capacitación especializada*, representa las mejores ideas de trabajo virtual y desde casa de *Start Your Business Today*.

Con 10 millones de estadounidenses postulando al beneficio de desempleo en marzo de 2020, diez veces más que el registro anterior de 695.000, y otras decenas de millones de desempleados en el mundo, quise presentar estas ideas de trabajo desde casa rápidamente a la gente, mientras todavía están sufriendo despidos, licencias, y violentas caídas en los negocios. Usa esta información para iniciar tu negocio, proveer para tu familia en tiempos difíciles, y para usar esta crisis como una oportunidad para comenzar a construir tu sueño.

¿Por qué el trabajo desde casa es una oportunidad promisoria?

¿De qué manera se ajusta el trabajo desde casa al cuadro general de la revolución social, económica y digital en la que nos hallamos al comienzo del siglo XXI? Yo creo que el trabajo desde casa, el teletrabajo, el trabajo virtual, y la economía virtual son implicaciones de la propagación de la libertad económica hacia grupos anteriormente reprimidos, la facilitación de la comodidad y la eficiencia que la innovación y la tecnología han traído al comercio, y la conectividad que Internet ha otorgado a personas que nunca habrían estado conectadas en el mundo físico. Este libro es oportuno, en vista de nuestro tiempo. Estamos viviendo una revolución digital, social, y económica, una nueva forma de hacer negocios y nueva prosperidad por venir como el mundo nunca antes ha visto.

Piensa en ello. Puedes llegar a cada persona del planeta que tenga conexión a Internet. Puedes comunicarte con ellos, promocionarles productos, y venderles. Hace veinte años, uno tenía problemas para vender su producto fuera de un radio de 15 kilómetros desde su negocio físico (a menos que fuera un negocio de pedidos por correo). La nueva economía es exponencialmente más eficiente y rentable que la vieja economía y tu nuevo negocio trabajando desde casa es un pionero que será la normalidad en el futuro.

¿Por qué es importante el trabajo desde casa en un mundo post-coronavirus?

La velocidad y violencia con que el coronavirus devastó la economía mundial reveló la vulnerabilidad del modelo tradicional donde las hormigas viajan a la granja de hormigas para realizar negocios. Cada vez más empresarios pueden hallar su valor en el nuevo mercado libre en la nube mientras los dinosaurios tales como General Motors y Ford ven que sus imperios se corroen hacia la oscuridad. Ciertamente, muchos sectores tales como la manufactura y el procesamiento permanecerán centrados en estos grandes edificios que cada día se llenan de trabajadores, pero la economía de los servicios experimentará una enorme agitación en los meses y años posteriores a esta pandemia. Si el trabajo remoto es tan increíblemente eficiente y las comunicaciones son digitalmente continuas, ¿para qué conducir hacia la granja de hormigas? ¿Cuál es la ganancia?

Muchos dirán que la proximidad física es necesaria para la colaboración, interacción y socialización, pero la capacidad de involucrarse digitalmente está mejorando, tal como lo está la ***familiaridad*** de las personas con el involucramiento digital. La gente mayor preferirá los saludos de mano y reunirse en torno a una mesa en la sala de juntas, pero los trabajadores y líderes más jóvenes están acostumbrados a interactuar con sus pares en una variedad de plataformas tecnológicas. Para muchos de ellos, una charla en Facetime es tan satisfactoria como un saludo de mano y una conversación cara a cara. Prepárate para ello: el lugar de trabajo ha cambiado para siempre.

¿De qué manera el trabajo virtual y a distancia se ajusta a la tendencia más amplia que está aconteciendo en el mundo?

La gente va a tener una aversión instintiva a las cosas más simples que el mes anterior no tomaban en cuenta. ¿Tendrán miedo de tocar la manilla de la puerta para entrar a una tienda? ¿De abrir el congelador de los lácteos en el supermercado por temor a que alguien haya tocado esa manilla que podría ser portador del siguiente virus mortal? ¿Habrá solo puertas sin manillas en cinco años? ¿Qué decir del manejo de efectivo? ¿Recuerdas que tu mamá te dijo que no te lamieras el dedo cuando cuentes dinero? «No sabes dónde ha estado ese dinero» ahora adquiere todo un nuevo sentido.

Qué tan tranquilizador es pedir algo en línea y nunca subirse al auto, nunca tocar una puerta, la manilla de un carro de compras, un teclado público, el pasamanos de una escalera eléctrica. Los legisladores introdujeron ocho leyes para crear una moneda digital (señalando el final del papel moneda) en relación con la ayuda por el coronavirus en marzo de 2020. Es probable que no veamos avance sobre esto hasta el próximo año, pero es inevitable. El papel moneda y los cheques van por el mismo camino del caballo y el carruaje. ¡Esto significa que tu negocio con trabajo desde casa, virtual o parcialmente virtual, está en la vanguardia de la historia!

¿El trabajo desde casa es la nueva normalidad?

Yo creo que se convertirá en la nueva normalidad, iluminando nueva información, realidades, y posibilidades para el trabajo y los negocios. También revelará nuevas formas de mirar el comercio y los negocios. Ya hemos visto cambios en nuestro camino. Los automóviles eléctricos no van a remplazar todos los vehículos de combustión interna este año, pero la tendencia se está acelerando. Tardará muchos años, pero un día los vehículos impulsados por gasolina serán escasos, y el petróleo será una mercancía casi sin valor.

Asimismo, el trabajo y comercio virtual está devorando rápidamente la economía tradicional. Eso no significa que en cinco años no habrá negocios tangibles, pero puede que haya muy pocos en cincuenta años, y apuesto a que serán totalmente diferentes a como son ahora. Uno no entrará a las tiendas muy a menudo; los productos serán entregados a tu vehículo o tu casa en la mayoría de los casos. La mayoría de tales entregas serán hechas en vehículos sin conductor y drones. En tanto que tú lanzas tu negocio en casa, hazlo con la satisfacción de ser un pionero de la nueva frontera digital.

¿Qué tienes que hacer ahora? Lo más importante es comenzar. Cuando me entreno para el maratón, todas las aspiraciones y planificación no significan nada si no salgo de la cama en la mañana, me pongo los zapatos y cruzo la puerta. Una vez que he salido, algo bueno está por suceder: caminaré, correré, correré más rápido, y finalmente ganaré carreras. En los negocios es lo mismo: hay que salir de la cama y empezar. Vende algo de inmediato. Tendrás mucho tiempo para perfeccionar tu sistema, pero es importante saber que puedes vender tu producto o servicio al comienzo mismo. ¡Solo hazlo!

¿Qué hacer después de tener éxito? ¡Devolver! Quiero que dones al menos el 10% de tus retornos a caridad. Ahorra al menos el equivalente a seis meses de gastos. Comienza a ahorrar para la jubilación, la universidad de tus hijos, y pagar la totalidad de la hipoteca pronto. Sal completamente de las deudas y elimina todas las tarjetas de crédito dejando solo una. Procura usar tus bienes y éxito para ayudar a otros a salir adelante y crea seguridad financiera para el futuro de tu familia. No te rindas al amor al materialismo, la codicia y la autocomplacencia.

La reflexión final más importante que puedo dejarte es animarte a usar tu reciente éxito para bendecir a otros, para llevar vida y amor a quienes te rodean, y honrar a Dios con la abundancia que él te ha confiado. Este es tu momento de brillar.

MINI-PLAN DE NEGOCIOS

1. **Tu historia:** ¿De qué manera soy único? Es decir, ¿De qué manera mi negocio destacará en la multitud de otros negocios? ¿Qué productos o servicios puedo ofrecerles a los clientes o usuarios que les resuelvan un problema? ¿Qué necesidad de los clientes puedo suplir?

2. **Clientes ideales:** ¿Quiénes serán mis clientes? ¿A quién quiero atraer realmente a mi negocio? ¿Cuál es la mejor forma de llegar a ellos? (¿Publicidad, volantes, redes sociales?). ¿Por qué querrán comprarme?

3. **Tus ofertas:** ¿Qué productos o servicios puedo ofrecerles a los clientes o usuarios que les resuelvan un problema?

4. **Métodos de entrega:** ¿Cómo entregaré mis servicios o productos? ¿Es algo digital? ¿O es un producto físico que necesita entrega puerta a puerta?

5. **Socios/Respaldo:** ¿Con quién necesito asociarme para asegurar el éxito? ¿Con quién haré negocios para asegurar que mi negocio tenga éxito? ¿Subcontratistas y alianzas estratégicas, tales como diseñadores gráficos, mayoristas, etc.?

6. **Deja fluir el amor:** ¿Cómo consigo, mantengo y aumento clientela? ¿Cómo construyo un grupo de seguidores leales?

7. **Recursos/Inventario:** ¿Qué necesito para hacer funcionar el negocio: capital monetario, físico, intelectual, o humano?

8. **Ingresos (Retornos)**: ¿Cuáles son mis ingresos esperados? ¿Qué necesito para vivir bien y generar utilidades?

9. **Egresos (gastos generales y costos):** ¿Cuáles son mis costos mensuales fijos (arriendo, etc.)? ¿Cuáles son mis costos mensuales variables (suministros, gastos comunes, etc.)?

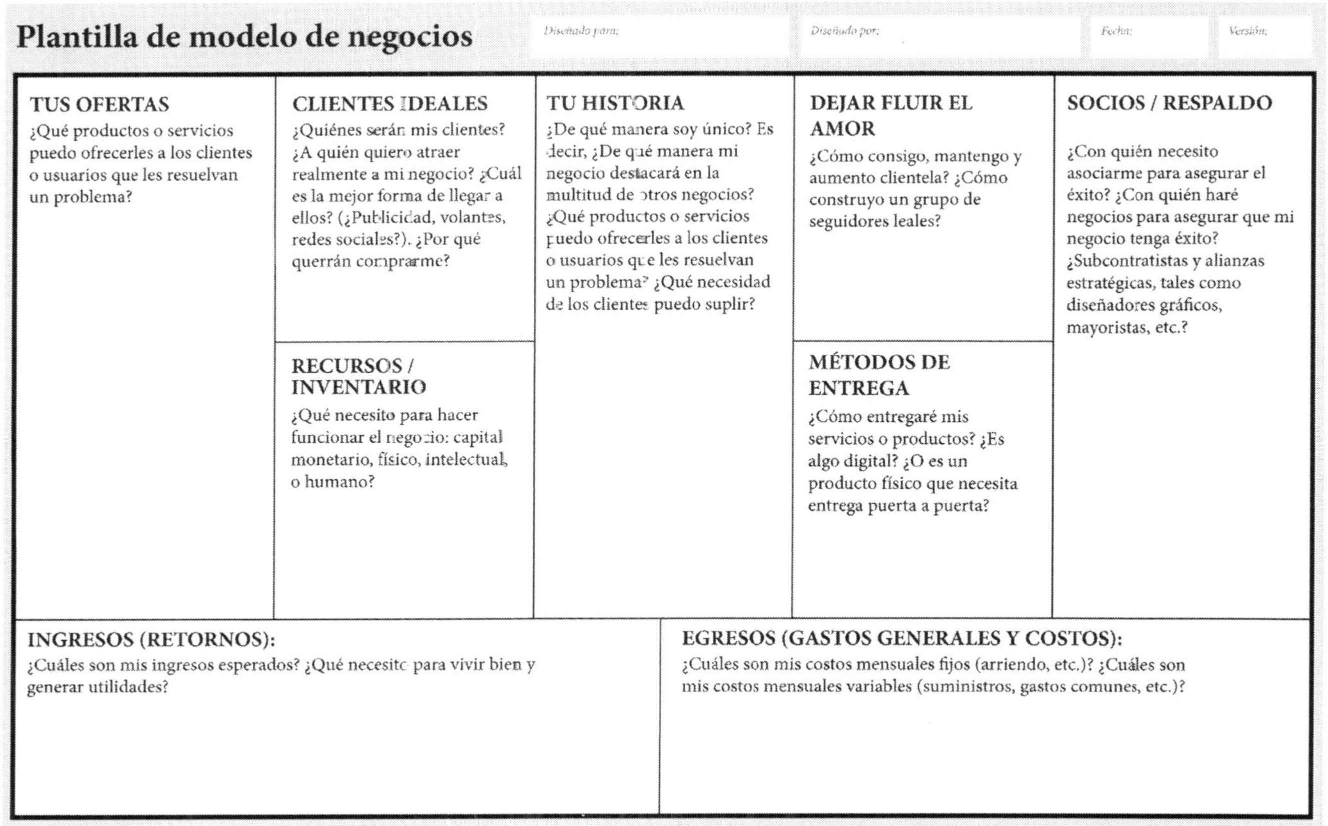

Plantilla de modelo de negocios

Diseñado para: | Diseñado por: | Fecha: | Versión:

TUS OFERTAS
¿Qué productos o servicios puedo ofrecerles a los clientes o usuarios que les resuelvan un problema?

CLIENTES IDEALES
¿Quiénes serán mis clientes? ¿A quién quiero atraer realmente a mi negocio? ¿Cuál es la mejor forma de llegar a ellos? (¿Publicidad, volantes, redes sociales?). ¿Por qué querrán comprarme?

RECURSOS / INVENTARIO
¿Qué necesito para hacer funcionar el negocio: capital monetario, físico, intelectual, o humano?

TU HISTORIA
¿De qué manera soy único? Es decir, ¿De qué manera mi negocio destacará en la multitud de otros negocios? ¿Qué productos o servicios puedo ofrecerles a los clientes o usuarios que les resuelvan un problema? ¿Qué necesidad de los clientes puedo suplir?

DEJAR FLUIR EL AMOR
¿Cómo consigo, mantengo y aumento clientela? ¿Cómo construyo un grupo de seguidores leales?

MÉTODOS DE ENTREGA
¿Cómo entregaré mis servicios o productos? ¿Es algo digital? ¿O es un producto físico que necesita entrega puerta a puerta?

SOCIOS / RESPALDO
¿Con quién necesito asociarme para asegurar el éxito? ¿Con quién haré negocios para asegurar que mi negocio tenga éxito? ¿Subcontratistas y alianzas estratégicas, tales como diseñadores gráficos, mayoristas, etc.?

INGRESOS (RETORNOS):
¿Cuáles son mis ingresos esperados? ¿Qué necesito para vivir bien y generar utilidades?

EGRESOS (GASTOS GENERALES Y COSTOS):
¿Cuáles son mis costos mensuales fijos (arriendo, etc.)? ¿Cuáles son mis costos mensuales variables (suministros, gastos comunes, etc.)?

Imagen proveída por: https://commons.wikimedia.org/wiki/File:Business_Model_Canvas.png

ACERCA DEL AUTOR

«Solo al ayudar a otros a tener éxito somos realmente exitosos».

~ Jim Palumbo

Jim ha iniciado más de una docena de compañías y ha asesorado a dueños de empresas por más de 25 años. Él sabe cómo formar un negocio de la nada, sin dinero ni capacitación avanzada, y les enseña a los emprendedores a tener éxito en el mundo de la pequeña empresa mientras equilibran una vida significativa con un negocio rentable. Jim es el fundador y presidente de EvangAlliance, Inc., una organización no lucrativa que lleva el mensaje de esperanza a quienes más lo necesitan. Es director y jefe encargado de desarrollo en Dynamic Advisor Solutions, y provee consultoría, apoyo y sistemas de negocios a exitosos asesores de riquezas que quieren elevar su práctica.

Jim desarrolló su amor a la enseñanza como profesor en Logos University y como pastor en la Ciudad de Nueva York. Es miembro fundador de Times Square Church y sirve en los directorios de World Radio Network/Inspiracom y World Challenge. Dice que lo que más disfruta es ser esposo de Cheri, y papá de Gia y Jordan. A esto le sigue un amor a la pesca con mosca, la cual él disfruta en las Montañas Rocosas cerca de su hogar en Colorado Springs.

Para saber más sobre:

Jim, visita www.JimPalumbo.com

EvangAlliance, visita www.EvangAlliance.com

Dynamic Advisor Solutions, visita www.DynamicAdvisorSolutions.com
World Challenge, visita www.WorldChallenge.org
World Radio Network/Inspiracom, visita www.Inspiracom.org

Made in the USA
Monee, IL
18 October 2026

66039209R00049